Bernard Friot
illustré par Jacques Azam

Histoires minute

Worterklärungen von Uta Grasse

Ernst Klett Sprachen
Stuttgart

1. Auflage 1 5 4 3 2 1 | 2023 22 21 20 19

Alle Drucke dieser Auflage sind unverändert und können im Unterricht nebeneinander verwendet werden.
Die letzte Zahl bezeichnet das Jahr des Druckes.
www.klett-sprachen.de

Herausgegeben von Uta Grasse
Worterklärungen von Uta Grasse

Redaktion: Anne-Sophie Guirlet-Klotz
Layoutkonzeption: Éditions Milan
Illustrationen: Jacques Azam
Gestaltung und Satz: bostext, Leonberg
Umschlaggestaltung: Andreas Drabarek
Titelbild: Jacques Azam
Foto S. 93: © Editions Milan
Druck und Bindung: AZ Druck und Datentechnik GmbH, Kempten/Allgäu

Printed in Germany

ISBN 978-3-12-592144-3

9 783125 921443

Liebe Schülerin, lieber Schüler,

hast Du schon einmal ein „echtes" französisches Buch gelesen?

Ja? Dann hast Du schon ein paar Erfahrungen gesammelt und bestimmt gemerkt, dass Bilder, Titelüberschriften usw. wichtige Hilfen sein können beim Verstehen eines Textes. Prinzipiell kannst Du gleich nach Lust und Laune mit dem Schmökern in den *Histoires minute* anfangen.

Nein? Dann lade ich Dich ein, jetzt durchzustarten!
Die *Histoires minute* bieten alles für den großen Lesespaß: Geschichten, die mal lustig, mal traurig, mal schräg oder nachdenklich sind. Vor allem aber sind sie kurz, und witzig illustriert. Bernard Friot, der Autor, war früher selbst Lehrer an französischen Schulen und hat viele Schüler unterrichtet, die es „nicht so hatten" mit dem Lesen. Und so entstanden die *Histoires minute*, die „Instant-Geschichten", fix und fertig in fünf Minuten und leicht verdaulich... Deshalb beginnt auch jede Geschichte mit einer Zutatenliste, den *ingrédients*, und da ist für jeden Geschmack etwas dabei ...!

Für eine noch bessere Verdaulichkeit habe ich gesorgt:
Ich habe die Geschichten so sortiert, dass die leichteren am Anfang stehen. Die „Sternchen-Geschichten" – diese sind also mit * gekennzeichnet – befinden sich weiter hinten im Buch und sind etwas schwieriger. Für sämtliche Geschichten gibt es Worterklärungen, und damit jede Geschichte unabhängig von allen anderen gelesen werden kann, bauen die Worterklärungen nicht aufeinander auf. Wundere Dich also nicht, wenn sich Worterklärungen wiederholen.

Im Anhang dieses Buches findest Du außerdem noch weitere Hilfen:

- Eine **alphabetische Wortliste** mit allen Wörtern, die in den Geschichten vorkommen. Wenn Du diese alphabetisch geordnete Wortliste benutzt, übst Du quasi schon Mal die Benutzung des zweisprachigen Wörterbuchs.
- Eine **Sammlung mit allen unregelmäßigen Verben**, die in den Geschichten vorkommen. Das ist auch nützlich, wenn Du selber schreiben oder über die Geschichten und deren Themen sprechen möchtest.
- Und wenn Du noch mehr über Bernard Friot erfahren möchtest, findest Du dort eine kurze und leicht verständliche **Biographie**.

Da sich die Texte sehr gut für das Trainieren der Lesekompetenz eignen, gibt es doch ein paar Geschichten **ohne** Annotationen im Schülerband, damit Du in der Startphase mit bestimmten Trainingsverfahren das Leseverstehen üben kannst. Dein/e Lehrer/in hat seinem/ihren Lehrerband Übungsmaterialien. Probiere das einmal aus – meine Schülerinnen und Schüler schwören inzwischen darauf.

Im Übrigen kann man mit den Texten noch viel mehr machen als sie einfach nur zu lesen. Deshalb gibt es für (fast) alle Geschichten **zusätzliche Aufgaben und Angebote** rund um's Sprechen, Schreiben, Vorlesen und Selberschreiben, allein, zu zweit oder in Gruppen. Und in einem **Lesepass** kannst Du gemeinsam mit Deiner Lehrerin bzw. Deinem Lehrer dokumentieren, welche Fortschritte Du schon gemacht hast, denn Du kannst und solltest nach der Startphase im eigenen Tempo und nach eigenen Vorlieben lesen, worauf Du Lust hast.

Und jetzt wünsche ich Dir viel Spaß beim Lesen oder – wie man auf Französisch sagt – *bonne lecture!*

Deine Uta Grasse

Inhaltsverzeichnis

Histoires minute

En plus

Ketchup

Pour deux personnes
(Karim et sa mère)

Ingrédients :
- une salade de carottes
- du bifteck haché
- des frites
- de la mousse au chocolat
- une grande bouteille de ketchup

En entrée, il y a de la salade de carottes. Karim demande :

– Maman, je peux avoir du ketchup ?

– Non ! dit sa mère.

Karim soupire. Mais il mange ses carottes. Parce que c'est bon, même sans ketchup.

Ensuite, il y a du bifteck haché.

– Maman, je peux avoir du ketchup ? S'il te plaît…

– Non ! dit sa mère.

Karim soupire. Mais il mange son bifteck haché. Parce que c'est bon, même sans ketchup.

Ensuite, il y a des frites.

– Maman, je peux avoir du ketchup ? S'il te plaît, Maman chérie…

– Non ! dit sa mère.

Karim soupire. Mais il mange ses frites. Parce que c'est bon, même sans ketchup.

Au dessert, il y a de la mousse au chocolat. Pour rire, Karim demande :

– Maman, je peux avoir du ketchup ?

Sa mère craque. Elle verse un litre de ketchup sur la mousse au chocolat.

Karim hésite. Mais il mange sa mousse au chocolat. Parce que c'est bon, même *avec* du ketchup.

---

un bifteck haché Hacksteak, Hackfleischkloß – **une entrée** Vorspeise – **dire** sagen – **soupirer** seufzen – **c'est bon** das ist lecker – **sans** ohne – **ensuite** dann, anschließend – **pour rire** aus Spaß, aus Quatsch – **rire** lachen – **craquer** *ici :* die Nerven verlieren – **verser** schütten, gießen – **hésiter** zögern – **même** sogar

Berk!
Berk!

Comment peux-tu avaler ça ?

Pour deux personnes
(Yaël et Mamie)

Ingrédients :

- du Coca-Cola
- des bonbons de toutes les couleurs
- un hamburger
- de la soupe
- du foie de veau
- des épinards

Yaël se verse un verre de Coca.
– Pouah ! fait Mamie. Comment peux-tu avaler ça ?

Yaël ne dit rien. Elle boit son Coca.

Yaël mange des bonbons. Des rouges, des verts et des rose… bonbon.

– Pouah ! fait Mamie. Comment peux-tu avaler ça ?

Yaël ne dit rien. Elle glisse trois bonbons dans sa bouche.

Yaël achète un hamburger.

– Pouah ! fait Mamie. Comment peux-tu avaler ça ?

Yaël ne dit rien. Elle se lèche les lèvres.

Le soir, c'est Mamie qui prépare le repas : de la soupe, du foie de veau et des épinards.
« Hou ! là, là ! pense Yaël. Comment je vais avaler ça ? »

Parce que, avec Mamie, pas question de discuter, il faut tout manger.

Mais Yaël a une idée.

– Mamie, dit-elle, j'ai mal au ventre.

– Ça ne m'étonne pas, dit Mamie, c'est à cause de toutes les saletés que tu as avalées ! Tu vois, j'avais raison ! Eh bien, maintenant, tant pis pour toi !

Yaël ne dit rien. Et sourit.

ANGERIE
← tête

Normal

Pour trois personnes
(Noé, sa mère et Samira,
la cousine de Noé)

Ingrédients :
- une chaise roulante
- une tête de poupée
- deux bras de poupée
- une jambe de poupée
- un tronc de poupée

Noé fait des courses avec sa mère. Elle est devant et lui derrière. Elle marche, il roule. Il n'a pas de jambes, Noé, il se déplace en fauteuil roulant.

Devant la boulangerie, il aperçoit une tête. Des yeux bleus, des cheveux blonds, une bosse sur le front. Il la ramasse, la met dans son sac.

Devant la pharmacie, il trouve un bras. Près de la poste, une jambe. Et un autre bras chez le marchand de journaux. Sur la place du marché, un tronc (avec le nombril et les mamelons).

Une tête, un tronc, deux bras, une jambe, voilà, ça fait une poupée. Une poupée pour jouer. Noé la montre à Samira, sa cousine.

– Elle n'est pas normale, dit Samira, il lui manque une jambe.

Noé sourit.

– Et alors ? dit-il. Moi, je n'ai pas de jambes, même pas une, et je suis normal, pourtant.

BLA
bla
blablabla blabla bla blablablabla
blablablabla blalla bla
blablabla blla
blallablablablabla

Je rêve ?

Pour deux personnes
(Hugo et son institutrice)

Ingrédients :
- un peu de pâte à modeler
- une grande envie de rêver
- un plafond

Hugo n'a pas envie d'écouter la maîtresse. Il a envie de rêver. Mais la maîtresse n'arrête pas de parler, de parler, de parler… Impossible de rêver en paix.

Hugo a une idée : il se bouche les oreilles avec de la pâte à modeler. Ouf, ça va mieux. La maîtresse continue de parler, de parler, de parler, mais Hugo n'entend plus rien. Il voit la maîtresse ouvrir et fermer la bouche, et c'est tout.

Tiens, tiens, elle n'a pas l'air contente. Elle ouvre la bouche de plus en plus grand, elle tape des pieds, elle agite les bras, et… vvvoup !… elle s'envole. Ça fait boum quand sa tête cogne le plafond.

« Est-ce que je rêve déjà ? » se demande Hugo.

Une histoire

Pour deux personnes
(Olaf et Kidi)

Ingrédients :
• des cheveux blonds
• des tresses brunes
• un grain de beauté
• une cicatrice
• une salle de classe
• beaucoup d'amour
• un peu de patience

Il est grand. Elle est un peu ronde.

Il est blond. Elle a de longues tresses brunes.

Il a la peau très pâle. Elle est noire.

Il est né en Norvège. Elle vient du Gabon.

Il a un grain de beauté sur la joue. Elle a une cicatrice au menton.

Ils sont dans la même classe, à Évry, près de Paris. Lui, c'est Olaf, et elle, Kidi.

Olaf regarde Kidi quand elle ne le voit pas.

Kidi pense à Olaf, même la nuit, parfois.

Un jour, Olaf s'assoit à côté de Kidi. Kidi se tourne vers lui, et sourit.

Voilà. L’histoire peut commencer.

Range ta chambre!

Fusée

Pour trois personnes
(Tom et ses parents)

Ingrédients :
- une fusée
- la Lune, Mars et Jupiter
- de la mousse au chocolat

Range ta chambre !
– Tom en a assez. Impossible de jouer, ici. Son père est entré et s'est mis à hurler :

– Range ta chambre ! Sinon, tu es privé de télévision !

Tom ne dit rien. Il ouvre la fenêtre, monte dans sa fusée et part sur la Lune.

C'est bien, sur la Lune. On n'est pas obligé de ranger sa chambre. Mais il faut se laver dix fois par jour, de la tête aux pieds.

Alors Tom remonte dans sa fusée et s'en va sur Mars.

C'est bien, sur Mars. Pas besoin de se laver. Mais l'école dure de six heures du matin à dix heures du soir, samedi et dimanche compris.

Alors Tom remonte dans sa fusée et s'en va sur Jupiter.

C'est bien, sur Jupiter. Il n'y a pas d'école. Mais on mange des épinards matin, midi et soir.

Alors Tom remonte dans sa fusée et retourne sur Terre. Il range sa chambre (un tout petit peu), puis va à la cuisine.

– Où étais-tu ? lui demande sa mère. Je me faisais du souci…

– J'ai préparé de la mousse au chocolat, dit son père.

Finalement, c'est assez bien, sur Terre.

Mais dis-moi quelque chose!
mais miaou!

Dialogue

Pour deux personnes
(Clara et un chat)

Ingrédients :
- un banc dans le parc
- des soucis (plutôt gros)

Clara est assise sur un banc, dans le parc. Un chat vient se frotter contre ses jambes.

– Bonjour, chat, dit Clara. Comment ça va ?

Le chat ne répond pas.

– Moi, ça ne va pas, dit Clara. Papa n'a plus de travail.

Le chat se lèche une patte.

– Hier soir, Maman a pleuré, poursuit Clara. Comment on va faire pour payer le loyer, et les factures et tout ?

Le chat se nettoie les moustaches.

– J'ai dit à Maman que je lui donnerais mon argent. Tu sais, j'ai vingt-deux euros dans ma tirelire.

Le chat se roule à ses pieds.

– Tu crois qu'on va devoir quitter la maison ? demande Clara.

Le chat s'étire paresseusement.

– Pourquoi c'est comme ça ? demande encore Clara. Pourquoi il y a des gens qui ont plein d'argent et d'autres presque pas ?

Le chat dresse une oreille.

– Hé ! chat ! fait Clara. Je te cause ! Pourquoi tu ne réponds pas ?

– Parce que les chats, ça ne parle pas, dit le chat.

– Ah, c'est vrai, dit Clara, j'avais oublié, excuse-moi.

– Miaou ! répond le chat.

un souci Sorge – **gros, grosse** *ici :* grand, e – **être assis, e** sitzen – **il vient** → venir (kommen) – **se frotter contre qc** sich an etw reiben – **une jambe** Bein – **ne … plus** nicht mehr – **un travail** un job – **se lécher** sich lecken – **une patte** Pfote, Tatze – **pleurer** weinen – **un loyer** Miete – **une facture** Rechnung – **il se nettoie** → se nettoyer (sich putzen) – **j'ai dit** → dire (ich habe gesagt) – **je donnerais** → donner (ich würde geben) – **tu sais** → savoir (wissen) – **une tirelire** Spardose – **se rouler** sich zusammenrollen – **un pied** Fuß – **tu crois** → croire (glauben) – **devoir** müssen – **quitter** verlassen – **s'étirer** sich strecken – **paresseusement** *ici :* genießerisch – **les gens** *mpl* Leute – **plein de** *fam* beaucoup de – **presque** fast – **dresser une oreille** ein Ohr spitzen – **causer** *fam* parler – **c'est vrai** das stimmt – **j'avais oublié** ich hatte vergessen

DEVOIRS

Superman

Pour deux personnes
(Simon et son père)

Ingrédients :
- une télévision
- des tas de devoirs à faire pour demain
- une mitrailleuse électronique
- un costume de Superman

Simon regarde un dessin animé à la télévision. Son père lui demande :

– Simon, tu as fini tes devoirs ?

– Han, han, fait Simon.

Ça veut dire : « Non ! »

– Alors, file dans ta chambre ! dit son père.

– Han, han, fait Simon.

Ça veut encore dire : « Non ! »

Son père est furieux. Il attrape Simon, l'enferme dans sa chambre.

Simon aussi est furieux. Il ne fait pas ses devoirs. Il sort ses habits de Superman et sa mitrailleuse électronique. « Attention, j'ai des pouvoirs magiques ! »

Puis il retourne au salon. Son père regarde un match de foot à la télé. Simon vise, et tire. Vzzz vzzz djiii djii ! « Attention, j'ai des pouvoirs magiques ! »

Aucun effet. Son père continue, bien tranquillement, à regarder la télé.

Simon est dégoûté. Il jette la mitrailleuse et se réfugie aux W.-C.

Deux minutes plus tard, il entend un grand cri. Badaboum ! son père s'est pris les pieds dans la mitrailleuse, et, badaboum ! il s'est cassé le nez !

– Hé, hé ! fait Simon. Je l'avais bien dit : « Attention, j'ai des pouvoirs magiques ! »

Bon, à quoi je vais jouer maintenant?

Barbie

Pour une personne
(Zoé)

Ingrédients :
- douze poupées Barbie
- une paire de ciseaux
- un couteau de cuisine
- une aiguille
- du fil

Zoé sort ses poupées Barbie. Une, deux, trois, quatre… Elle en a douze en tout. Elle prend une paire de ciseaux, aussi. Et coupe la tête d'une Barbie. C'est difficile, avec des ciseaux, alors elle prend un couteau, un long couteau de cuisine. C'est bien mieux, zic zac ! les têtes tombent : une, deux, trois, quatre… Douze têtes tombent par terre.

Alors elle prend du fil et une aiguille. Elle perce les têtes passe le fil, voilà, ça fait un collier. Un collier de têtes. Têtes de poupées, poupées Barbie.

Zoé met le collier autour de son cou. Elle se regarde dans la glace. Et elle sourit.

« Comme je suis belle », pense-t-elle.

chez moi
..et que chez moi

Seul

Pour une seule personne (Julien)

Ingrédients :
- un jardin
- un grand frère
- des planches
- un cousin
- des clous
- un copain
- un marteau

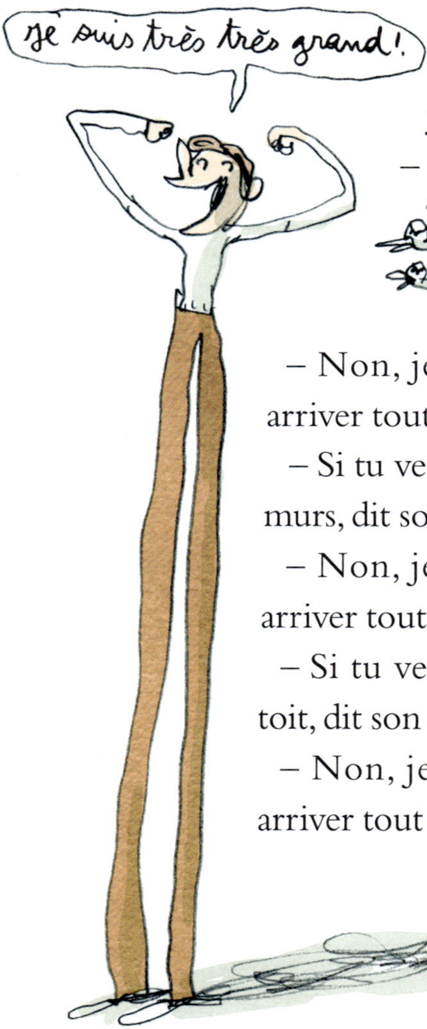

Julien construit une cabane au fond du jardin.

– Si tu veux, je t'aide à porter les planches, dit son grand frère Alain.

– Non, je suis grand, je peux y arriver tout seul, répond Julien.

– Si tu veux, je t'aide à monter les murs, dit son cousin Alex.

– Non, je suis grand, je peux y arriver tout seul, répond Julien.

– Si tu veux, je t'aide à clouer le toit, dit son copain Hugo.

– Non, je suis grand, je peux y arriver tout seul, répond Julien.

Et voilà, la cabane est finie. Elle est grande. Il y a de la place pour deux, pour trois, et même quatre, en se serrant un peu.

Mais Julien y joue seul. Tout seul.

seul, e alleine; einsam – **un jardin** Garten – **une planche** *ici :* Brett – **un clou** Nagel – **un marteau** Hammer – **construire** bauen – **une cabane** une petite maison – **au fond** *ici :* ganz hinten, am Ende – **aider qn à faire qc** jdm helfen etw zu tun – **dire** sagen – **arriver à faire qc** etw schaffen – **tout, e seul, e** ganz allein – **monter** *ici :* aufbauen, hochziehen – **clouer** → un clou (nageln) – **un toit** Dach – **même** sogar – **en se serrant** wenn man zusammenrückt

Chat

Pour trois personnes
(Manon, sa mamie et son chat)

Ingrédients :
- des yeux gris
- des griffes
- des souris (une ou deux, ça suffit)

Le chat de Manon a des yeux gris. Il ronronne quand on le prend sur ses genoux, il est câlin, il est doux.

Le chat de Manon a des yeux gris. Et des griffes. Il court après les souris, il les attrape, il joue avec, et puis les tue. Un coup de patte, deux coups de dents.

Manon aussi a des yeux gris. Elle se blottit dans les bras de Mamie, elle l'embrasse, la cajole, Mamie gâteau, Mamie chérie.

Manon aussi a des yeux gris. Et des griffes. Mamie ne veut pas qu'elle joue avec le fer à repasser. Manon se fâche, elle crie, elle mord la main de Mamie, et s'enfuit dans le jardin.

Le chat de Manon a des yeux gris. Et des griffes.

Manon aussi.

---

une griffe Kralle – **suffire** ausreichen, genug sein – **ronronner** schnurren – **un genou** Knie – **câlin, e** verschmust, anschmiegsam – **courir** laufen, rennen – **attraper** einfangen, schnappen – **tuer** töten – **un coup** Schlag, Stoß, Hieb – **une patte** Pfote, Tatze – **une dent** Zahn – **se blottir** sich anschmiegen, sich ankuscheln – **un bras** Arm – **embrasser qn** jdn küssen – **cajoler** streicheln, knuddeln – **un fer à repasser** Bügeleisen – **se fâcher** ärgerlich werden, sich ärgern – **mordre** beißen – **s'enfuir** flüchten – **un jardin** Garten

Cartable

Pour deux personnes
(Fouzia et son amie Lola)

Ingrédients :
• un cartable (neuf)
• deux cahiers, un livre de mathématiques, une trousse, un classeur, une règle
• un ballon, une corde à sauter, une poupée Barbie avec ses habits, deux bracelets, un lapin en peluche, un paquet de gâteaux au chocolat, une paire de rollers, un sachet de bonbons à la framboise

Finies, les vacances. L'école recommence ce matin. Fouzia est contente. C'est bien, l'école, on peut jouer avec les copines.

Fouzia prépare son cartable. Un cartable tout neuf.

Elle met dedans : un ballon, deux cahiers, la corde à sauter, le livre de mathématiques, une poupée Barbie, une trousse, deux bracelets, un classeur, le lapin en peluche, une règle.

Zut ! il n'y a plus de place.

Il y a encore des tas de choses à emporter : les gâteaux au chocolat, les rollers, les bonbons à la framboise et les habits de Barbie.

Elle enlève le moins important : les cahiers, le livre de mathématiques, la trousse, le classeur, la règle. Mais elle a beau tasser, les rollers et les habits de Barbie n'entrent pas.

Alors, elle téléphone à Lola, sa meilleure amie.

– Lola, il faut que tu viennes jouer chez moi. Je ne peux pas aller à l'école aujourd'hui. Mon cartable est trop petit.

un cartable Schulranzen – **une corde à sauter** Springseil – **un habit** *m* un vêtement – **un bracelet** Armreif – **en peluche** Plüsch- – **des rollers** *mpl* Inliner – **recommencer** → commencer – **un tas de** *fam* beaucoup (ein Haufen) – **emporter** mitnehmen – **enlever** herausnehmen, wegnehmen – **on a beau +** *verbe* man kann noch so + Verb – **tasser** reinstopfen – **meilleur, e** beste/r/s – **il faut que tu viennes** (→ venir) du musst kommen

Étoile

Pour deux personnes
(Maïa et Yoann)

Ingrédients :
- une belle nuit d'été
- des milliards d'étoiles
- un fauteuil roulant
- des larmes

Nuit d'été. Dans le jardin de l'hôpital, Maïa et Yoann regardent les étoiles. Millions, milliards d'étoiles.

Maïa est en fauteuil roulant.

Maïa est malade.

Elle tend la main, elle dit :

– Regarde, Yoann, là, tu vois ? C'est mon étoile. Mon étoile à moi.

Elle est toute petite, l'étoile de Maïa, minuscule lumière dans la nuit.

– Et la mienne ? demande Yoann, c'est laquelle ?

– Là, dit Maïa, cette grande étoile, juste à côté de la mienne.

Il faut rentrer maintenant. Yoann pousse le fauteuil de Maïa. Il se retourne en marchant, regarde le ciel encore une fois. Là-haut, l'étoile de Maïa clignote. Elle faiblit, elle s'éteint.

– Maïa, dit Yoann, tu veux bien qu'on échange ? Je te donne mon étoile, et moi je prends la tienne.

Maïa ne dit rien. Elle serre la main de Yoann, et elle pleure.

un été Sommer – **une étoile** Stern – **un fauteuil roulant** Rollstuhl – **une larme** Träne – **un jardin** Garten – **malade** krank – **tendre la main (vers qn/qc)** die Hand (nach jdm/ etw) ausstrecken – **elle dit** → dire (sagen) – **tu vois** → voir (sehen) – **minuscule** winzig klein – **une lumière** Licht – **le mien, la mienne** meine(r) – **il faut** + *inf* man muss + Infinitiv – **pousser** schieben, drücken – **en marchant** beim Gehen – **le ciel** Himmel – **clignoter** blinken, flackern – **faiblir** → faible (schwächer werden) – **s'éteindre** verlöschen – **échanger** tauschen – **donner** geben – **serrer la main de qn** jds Hand drücken (*auch:* geben) – **pleurer** weinen

Bain

Pour deux personnes
(Félicien et un requin)

Ingrédients :
- une baignoire
- un sous-marin
- des palmes
- un masque de plongée
- un savon
- une bouteille de shampooing

Félicien prend un bain.
Il a tout préparé : les palmes, le masque de plongée, le sous-marin, et même le savon et le shampooing.

Il met le masque, enfonce la tête sous l'eau et tombe nez à nez… avec un requin.

– Qu'est-ce que tu fais là ? demande Félicien.

– Je viens te croquer, tiens ! répond le requin.

– Tu ne peux pas, dit Félicien, je ne me suis pas encore lavé.

– Alors, dépêche-toi, gronde le requin, j'ai faim !

Félicien lui tend le savon.

– Mange ça en attendant, tu verras, c'est bon.

Le requin avale d'un coup le savon.

– Pas mauvais, dit-il. Mais ça donne soif.

Félicien, alors, lui donne le shampooing.

Le requin boit le flacon, tout entier, sans respirer. Dans son ventre, gloups, ça fait des bulles !

– C'est pas malin, dit Félicien, maintenant, je n'ai plus rien pour me laver. Et je te préviens, je pue des pieds ! Tant pis pour toi, tu ne pourras pas me croquer !

– Gloups, fait le requin, c'est pas grave, gloups, j'ai plus faim !

Potion magique

Pour deux personnes
(Ana et son petit frère Léon)

Ingrédients :
• du Coca-Cola
• du ketchup
• de l'huile d'olive
• du sucre
• du poivre
• de la moutarde
• du fromage râpé
• un balai

Ana doit s'occuper de Léon, son petit frère. Maman l'a dit. Zut ! c'est pas marrant de jouer avec un bébé de 5 ans. Un bébé qui fait encore pipi au lit !

Tiens, mais ça donne une idée à Ana !

–Viens, Léon, on va jouer à la sorcière. Je vais te préparer une potion magique contre le pipi au lit.

Léon est d'accord, évidemment. Alors, dans la cuisine, Ana prépare un étrange mélange : Coca-Cola, ketchup, huile d'olive, sucre, poivre, moutarde et fromage râpé.

–Voilà, dit Ana, maintenant je remue et tu bois ! D'un coup !

Beurk ! c'est dégoûtant, mais Léon avale tout, d'un coup.

Léon a été malade toute la nuit.
Mais il n'a pas fait pipi au lit.
Quand même, Ana a été punie.
– Je m'en fiche, dit-elle, ma potion a réussi, je suis une sorcière !
Et elle saute sur un balai, ouvre la fenêtre et s'envole à toute vitesse dans les airs.

MAX

Tout change

Pour une personne
(Max)

Ingrédients :
- un lit
- un réveil
- une lampe de chevet
- une chaise
- une armoire
- un grand changement

Ça bouge dans la chambre de Max.
C'est le lit qui a commencé. Il dit :

– J'en ai assez de rester allongé sans remuer les doigts de pieds. Je veux me déplacer, moi, et danser la samba si ça me plaît !

Le réveil met son grain de sel :

– Et moi, j'en ai marre de faire tic tac toute la journée. J'ai envie de jouer de la musique et de donner des informations, nom de nom !

La lampe de chevet s'en mêle :

– Si vous croyez que ça m'amuse d'éclairer n'importe qui ! À partir d'aujourd'hui, je remplace l'aspirateur !

En entrant dans sa chambre, Max est un peu surpris. Le lit joue à la marelle. Le réveil chante à tue-tête. La lampe de chevet chasse la poussière, la chaise roupille sur le tapis et l'armoire se prend pour un congélateur.

– Vous avez raison, dit Max, il faut que ça change. J'en ai assez d'être un enfant sage.

Et il se transforme en bulldozer et écrase tout sur son passage : le lit, le réveil, la lampe de chevet et, je crois bien, son chat et ses parents aussi.

---

un réveil → se réveiller (Wecker) – **une lampe de chevet** Nachttischlampe – **un changement** Veränderung – **bouger** sich bewegen – **dire** sagen – **j'en ai assez de** + *inf* ich habe genug, mir reichts, dass – **rester allonger** ausgestreckt sein – **remuer** bewegen – **les doigts de pied** Zehen – **se déplacer** herumgehen, herumlaufen – **si ça me plaît** wenn es mir gefällt – **mettre son grain de sel** seinen Senf dazu geben – **j'en ai marre de** + *inf* j'en ai assez de – **une journée** → un jour – **toute la journée** den ganzen Tag – **avoir envie de faire qc** Lust haben etw zu tun – **Nom de nom !** *fam* Verdammter Mist ! Verdammt noch mal ! – **s'en mêler** sich einmischen – **vous croyez** → croire (glauben) – **éclairer** beleuchten – **n'importe qui / quoi** irgendwer, irgendwas – **à partir d'aujourd'hui** von heute an – **remplacer** ersetzen – **un aspirateur** Staubsauger – **en entrant** quand il entre – **surpris, e** überrascht – **jouer à la marelle** Himmel und Hölle spielen – **à tue-tête** lauthals – **chasser la poussière** Staub wischen – **roupiller** *fam* dormir (schlafen) – **se prendre pour** sich halten für – **un congélateur** Gefrierschrank – **avoir raison** recht haben – **il faut que ça change** es muss sich was ändern – **sage** brav, folgsam – **se transformer** sich verwandeln – **écraser** zerquetschen, platt machen – **je crois** → croire (glauben)

Orage

Pour deux personnes
(Sami et sa mère)

Ingrédients :
- un orage (avec nuages, éclairs et tonnerre)
- un peu de patience
- un lit

Dehors, le vent siffle dans les arbres. De gros nuages noirs attaquent le ciel.

Sami est content. Il s'assied dans son lit, il attend.

Un éclair, et puis un autre. Et boum ! le tonnerre.

Sami est content.

Les volets claquent, la maison grince de haut en bas.

Sami est content.

Boum, taraboum ! encore le tonnerre. Il gronde, il éclate.

Sami est content.

Un éclair, et puis plus rien, plus de lumière.

Sami est content.

La porte de sa chambre s'ouvre brusquement. Sa mère entre et se précipite dans son lit. Elle tremble, elle claque des dents, elle se blottit contre lui.

– N'aie pas peur, dit-elle, je suis là.

Sami est content.

un orage Gewitter – **un nuage** Wolke – **un éclair** Blitz – **le tonnerre** Donner – **la patience** Geduld – **dehors** ≠ dedans ; à l'extérieur (draußen) – **le vent** Wind – **siffler** pfeifen – **un arbre** Baum – **gros, grosse** dick – **le ciel** Himmel – **content, e** zufrieden – **il s'assied** → s'asseoir (sich setzen) – **un volet** Fensterladen – **claquer** klappern – **grincer** knirschen – **de haut en bas** von oben bis unten – **gronder** *ici :* grummeln – **éclater** *ici :* krachen – **plus rien** nichts mehr – **une lumière** Licht – **brusquement** plötzlich – **se précipiter sur, dans qc** sich auf, in etw stürzen – **trembler** zittern – **une dent** Zahn – **se blottir contre qn** sich an jdn anschmiegen – **n'aie pas peur** hab keine Angst

Loup

Pour deux personnes
(Nina et le loup)

Ingrédients :
- une sorcière sur son balai
- un ogre avec un gros couteau
- une écharpe

Nina n'arrive pas à dormir. Elle a peur des ombres qui dansent sur le mur, en face de son lit. Ha, ha, ha, ha, c'est une sorcière sur son balai ! Et puis, ho, ho, ho, ho, un ogre avec un gros couteau !

Nina tremble, Nina frissonne.

Hou, hou, hou, voilà maintenant un loup ! Un loup de la nuit avec des oreilles pointues et une écharpe autour du cou.

Nina tremble, Nina claque des dents.

– Pourquoi trembles-tu comme ça ? demande le loup.

– Parce que tu es un loup, dit Nina, et que tu vas me manger.

Le loup éclate de rire.

– Mais non, moi, je mange les ombres qui font peur aux enfants, je dévore les mauvais rêves et les cauchemars bizarres. Tu peux dormir tranquille. Écoute, je vais te chanter une berceuse…

Dou dou dou hou hou

Lou lou lou hou hou…

La chanson est douce, *hou hou*, si douce, Nina s'endort bientôt. Et dort toute la nuit, sans rêves mauvais, sans bizarres cauchemars.

Et au matin, quand elle se réveille, elle a une écharpe, une écharpe autour du cou.

Lou lou lou hou hou.

un loup Wolf – **une sorcière** Hexe – **un balai** Besen – **un ogre** Menschenfresser – **gros, grosse** énorme – **un couteau** Messer – **une écharpe** Schal – **dormir** schlafen – **avoir peur de qc** Angst haben vor – **une ombre** Schatten – **trembler** zittern – **frissonner** frösteln – **une oreille** Ohr – **pointu, e** spitz – **un cou** Hals – **claquer des dents** mit den Zähnen klappern – **éclater de rire** in Lachen ausbrechen – **faire peur à qn** jdm Angst machen – **dévorer** verschlingen, fressen – **mauvais, e** schlecht, böse – **un cauchemar** Albtraum – **tranquille** calme – **une berceuse** Schlaflied – **doux, douce** sanft – **s'endormir** → dormir (einschlafen) – **le matin** Morgen – **se réveiller** aufwachen

AAAAHHH!

Cauchemar

Pour deux personnes
(Loïc et un cauchemar)

Ingrédients :
• un lit
• un peu de poussière sous le lit
• des ronflements

– Au secours ! hurle Loïc.

Un cauchemar est couché dans son lit, un gros cauchemar tout vert et tout poilu.

– La ferme ! grogne le cauchemar. Tu m'as réveillé, idiot !

– Qu'est-ce que tu fais là ? demande Loïc. D'habitude, tu couches *sous* mon lit, et tu m'empêches de dormir.

– Eh bien, j'en ai marre ! gronde le cauchemar. C'est plein de poussière, sous ton lit ! À ton tour de dormir là-dessous ! Allez, file, et laisse-moi tranquille !

Loïc n'a pas le choix. Il se glisse sous le lit et s'étend sur la moquette.

Et c'est étrange : lui qui n'arrive pas à dormir, d'habitude, il trouve aussitôt le sommeil.

Mais des cris le réveillent au milieu de la nuit.

– Au secours ! Il y a un monstre sous mon lit !

C'est le cauchemar qui pleure et qui sanglote !

Alors Loïc se glisse entre les draps et prend le cauchemar dans ses bras.

– N'aie pas peur, lui dit-il, c'est moi !

Et voilà, ils dorment tous les deux, Loïc et son cauchemar, et même ils ronflent un peu.

---

un cauchemar Albtraum – **la poussière** Staub – **un ronflement** Schnarchen – **Au secours !** Hilfe! – **hurler** crier – **être couché, e** liegen – **gros, grosse** énorme – **tout, e** ganz, völlig – **poilu, e** behaart, haarig – **La ferme !** *fam* Halt die Klappe! Halt's Maul! – **grogner** knurren, motzen – **réveiller qn** jdn aufwecken – **d'habitude** normalement – **coucher** *ici* : dormir (schlafen) – **empêcher qn de faire qc** jdn daran hindern, etw zu tun – **dormir** schlafen – **j'en ai marre de** + *inf fam* j'en ai assez de + *inf* (mir reicht's) – **gronder qn** jdn ausschimpfen – **plein de** *fam* beaucoup de – **à ton tour de** + *inf* maintenant, c'est toi qui + indicatif – **Allez, file !** Los jetzt! Auf! Hopp hopp! – **Laisse-moi tranquille !** Lass mich in Ruhe! – **avoir le choix** die Wahl haben – **se glisser** *ici :* se mettre – **s'étendre** se coucher – **une moquette** un tapis – **étrange** bizarre – **aussitôt** tout de suite – **trouver le sommeil** s'endormir (einschlafen) – **au milieu de** mitten – **pleurer** weinen – **sangloter** schluchzen – **des draps** *mpl* Bettlaken – **un bras** Arm – **n'aie pas peur** habe keine Angst – **ronfler** → un ronflement (schnarchen)

En plus

Ton mini dictionnaire !
(La liste alphabétique des mots inconnus)

A

agiter fuchteln mit, bewegen, schütteln
aider qn à faire qc jdm helfen, etw zu tun
une aiguille Nadel
s'en aller weggehen, wegfahren
apercevoir sehen
un arbre Baum
arriver à faire qc etw schaffen
un aspirateur Staubsauger
en avoir assez de + *inf* genug haben von, die Nase voll haben von
s'asseoir sich setzen
être assis, e sitzen
attraper einfangen, schnappen
aussitôt umgehend, sofort
avaler verschlingen, runterschlucken

B

une baignoire Badewanne
un balai Besen
un bain Bad
on a beau + *inf* man kann noch so + Infinitiv
pas besoin nicht nötig
une berceuse Schlaflied
un bifteck haché Hacksteak, Hackfleischkloß
se blottir sich anschmiegen, sich ankuscheln
c'est bon das ist lecker
boire trinken
une bosse Beule
une bouche Mund
se boucher les oreilles sich die Ohren zustopfen
bouger sich bewegen
un bracelet Armreif
un bras Arm
brusquement plötzlich
une bulle (Luft)Blase

C

une cabane Hüttchen, Bude
cajoler streicheln, knuddeln
câlin, e verschmust, anschmiegsam
un cartable Schulranzen
se casser le nez auf die Nase fallen, sich wehtun
un cauchemar Albtraum
à cause de wegen
causer *fam* sprechen
un changement Veränderung
avoir le choix die Wahl haben
une cicatrice Narbe
le ciel Himmel
une paire de ciseaux Schere
claquer klappern
claquer des dents mit den Zähnen klappern
clignoter blinken, flackern
un clou Nagel
clouer nageln
cogner le plafond an die Decke stoßen
compris *adj ici :* inbegriffen
un congélateur Gefrierschrank
construire bauen

content, e zufrieden
un collier Kette
une corde à sauter Springseil
un costume Verkleidung, Kostüm
un cou Hals
couché, e liegend
coucher schlafen
de toutes les couleurs bunt
d'un coup auf einen Sitz, auf ein Mal, auf ex
un coup Schlag, Stoß, Hieb
couper (ab)schneiden
faire des courses einkaufen gehen
un couteau Messer
courir laufen, rennen
craquer *ici :* die Nerven verlieren
croquer qn jdn fressen
croire glauben

D

dégoutant, e ekelhaft
dégoûté, e frustriert
dehors draußen
une dent Zahn
se dépêcher sich beeilen
se déplacer sich fortbewegen; herumgehen, herumlaufen
un dessin animé Zeichentrickfilm
dévorer verschlingen, fressen
devoir müssen
dire sagen
donner geben
dormir schlafen
doux, douce sanft, sanftmütig, zärtlich
des draps *mpl* Bettlaken
dresser une oreille ein Ohr spitzen

E

éclater *ici :* krachen
éclater de rire in Lachen ausbrechen
un éclair Blitz
éclairer beleuchten
une écharpe Schal
échanger tauschen
écraser zerquetschen, platt machen
embrasser qn jdn küssen
empêcher qn de faire qc jdn daran hindern, etw zu tun
emporter mitnehmen
s'endormir einschlafen
enfermer einschließen
s'enfuir flüchten
enfoncer *ici :* eintauchen
enlever herausnehmen, wegnehmen
entendre hören
entier, entière ganz, komplett
une entrée Vorspeise
ensuite dann, anschließend
avoir envie de faire qc Lust haben etw zu tun
s'envoler davon-, wegfliegen
des épinards *mpl* Spinat
s'étendre sich ausstrecken
un été Sommer
s'éteindre verlöschen
s'étirer sich strecken
une étoile Stern
étonner qn jdn wundern
étrange komisch, merkwürdig

F

se fâcher ärgerlich werden, sich ärgern
une facture Rechnung

faiblir → faible schwach werden
il faut + *inf* man muss + Infinitiv
un fauteuil roulant Rollstuhl
un fer à repasser Bügeleisen
la ferme ! *fam* Halt die Klappe! Halt's Maul!
je m'en fiche *fam* Mir egal!
un fil Faden
File ! *fam* Los jetzt! Auf! Hopp hopp!
filer *fam* losgehen, loslaufen
un flacon Fläschchen
du foie de veau Kalbsleber
au fond *ici :* ganz hinten, am Ende
frissonner frösteln
un front Stirn
se frotter contre qc sich an etw reiben
furieux, -euse zornig, ärgerlich

G

des gens *mpl* Leute
une glace Spiegel
un grain de beauté Muttermal
grave schlimm
une griffe Kralle
grincer knirschen
grogner knurren, motzen
gronder *ici :* grummeln
gronder qn jd schimpfen, schelten
gros, grosse énorme
glisser hineinstecken, hineingleiten lassen
se glisser schlüpfen, kriechen, rutschen
mettre son grain de sel seinen Senf dazu geben

H

un habit un vêtement
d'habitude normalerweise
de haut en bas von oben bis unten
hésiter zögern
hurler brüllen, schreien

I

n'importe qui / quoi irgendwer, irgendwas
impossible unmöglich
une institutrice Grundschullehrerin

J

une jambe Bein
un jardin Garten
jeter wegwerfen
une joue Wange
une journée Tag (in seiner Länge)

L

une lampe de chevet Nachttischlampe
une larme Träne
se laver sich waschen
se lécher sich lecken
des lèvres *fpl* Lippen
un loup Wolf
un loyer (Wohnungs)Miete
une lumière Licht

M

une maîtresse *veraltet* Grundschullehrerin
malade krank
C'est pas malin ! *iron* Na toll!
des mamelons *mpl* Brustwarze
une mamie *fam* Oma

manquer à qn jdm fehlen
marcher gehen, laufen
jouer à la marelle *jeu* Himmel und Hölle spielen
marrant, e *fam* lustig, witzig
en avoir marre de + *inf* genug haben von, die Nase voll haben von
un masque de plongée Taucherbrille
un marteau Hammer
le matin Morgen
mauvais, e schlecht, böse
même sogar
même pas nicht einmal
un menton Kinn
un mélange Gemisch
s'en mêler sich einmischen
mettre setzen, stellen, legen
se mettre à faire qc beginnen, anfangen etw zu tun
le mien, la mienne meine(r)
au milieu de mitten in, in der Mitte
minuscule winzig klein
une mitrailleuse Maschinengewehr
monter qc etw aufbauen, hochziehen; etw hochtragen, hochbringen
une moquette Teppichboden
mordre beißen
de la moutarde Senf

N

il se nettoie → se nettoyer (sich putzen)
Nom de nom ! *fam* Verdammter Mist ! Verdammt noch mal !
un nombril Bauchnabel
un nuage Wolke

O

être obligé, e de faire qc gezwungen sein etw zu tun
s'occuper de qn sich um jdn kümmern
un ogre Menschenfresser
une ombre Schatten
oublier vergessen
un orage Gewitter
une oreille Ohr

P

pâle blass
des palmes *mpl* Flossen
paresseux, euse faul
paresseusement faul; genießerisch
partir weggehen, -fahren, -fliegen
à partir de von … an
la patience Geduld
une patte Pfote, Tatze
en paix in Ruhe
de la pâte à modeler Knete
une peau Haut
faire peur à qn jdn Angst machen
en peluche Plüsch-
penser denken
percer durchbohren
avoir peur de qc Angst haben vor
un pied Fuß
Tant pis pour toi ! Pech für dich!; Pech gehabt!
un plafond Zimmerdecke
ça me plaît es gefällt mir

une planche Brett
plein de *fam* viel
pleurer weinen
ne … plus nicht mehr
plus rien nichts mehr
pointu, e spitz
Pouah ! Igitt!
poilu, e behaart, haarig
une potion magique Zaubertrank
pourtant trotzdem
pousser schieben, drücken
une poussière Staub
chasser la poussière Staub wischen
des pouvoirs magiques *mpl* magische Kräfte
se précipiter sur, dans qc sich auf, in etw stürzen
se prendre les pied dans qc über etwas stolpern
se prendre pour sich halten für
presque fast
prévenir qn jdn warnen
être privé, e de etw verboten bekommen
punir qn jdn bestrafen
puer stinken

Q

quitter verlassen
pas question de + *inf* da gibt's nichts zu + Infinitiv

R

avoir raison Recht haben
ramasser aufheben, aufsammeln
recommencer wieder anfangen
se réfugier sich zurückziehen
remplacer ersetzen
remuer bewegen; umrühren
un repas Essen
un requin Hai
respirer atmen
rester allonger ausgestreckt sein
retourner zurückkehren
réussi, e gelungen
un réveil Wecker
réveiller qn jdn aufwecken
se réveiller aufwachen
ne … rien nichts
rire lachen
pour rire aus Spaß, aus Quatsch
des rollers *mpl* Inliner
ronfler schnarchen
un ronflement Schnarchen
ronronner schnurren
se rouler sich zusammenrollen
roupiller *fam* dormir (schlafen)

S

sage brav, folgsam
une saleté *fam* Dreckszeug, ungesundes Essen
sangloter schluchzen
sans ohne
sauter hüpfen, springen
savoir wissen
un savon Seife
Au secours ! Hilfe!
serrer la main de qn jds Hand drücken (*auch:* geben)
se serrer zusammenrücken
seul, e alleine, einsam
siffler pfeifen
le sommeil Schlaf
trouver le sommeil einschlafen
une sorcière Hexe
sortir rausgehen

sortir qc etw herausholen, herausnehmen
un souci Sorge
un sous-marin U-Boot
se faire du souci sich Sorgen machen
une soupe Suppe
soupirer seufzen
sourire lächeln
suffire ausreichen, genug sein
surpris, e überrascht

T

taper des pieds mit den Füßen aufstampfen
un tas de *fam* beaucoup (ein Haufen)
tasser reinstopfen
tendre à qn jdm geben, hinstrecken
tendre la main die Hand ausstrecken
par terre zu Boden, auf dem Boden
une tête Kopf
tiens, tiens sieh mal einer an, na so was!
une tirelire Spardose
tirer *ici :* schießen
un toit Dach
tomber nez à nez avec qn auf jdn treffen
le tonnerre Donner
tranquille calme
un travail Arbeit, Anstellung
trembler zittern
une tresse Zopf
un tronc Rumpf
à ton tour de + *inf* jetzt bist du dran mit
se tourner vers sich hinwenden zu
tout ganz
en tout insgesamt, alles in allem
Laisse-moi tranquille ! Lass mich in Ruhe!
se transformer sich verwandeln
trembler zittern
à tue-tête lauthals
tuer töten

V

venir kommen
le vent Wind
un ventre Bauch
avoir mal au ventre Bauchweh haben
verser schütten, gießen
se verser sich eingießen, sich einschenken
viser zielen
voir sehen
un volet Fensterladen
c'est vrai das stimmt

Un peu de grammaire ! – Les verbes réguliers et irréguliers dans les Histoires minute

Leur conjugaison

s'asseoir (sich setzen)
je m'assieds
tu t'assieds
il s'assied
nous nous asseyons
vous vous asseyez
ils s'asseyent
P.C. : je me suis assis, e

oder

je m'assois
tu t'assois
il s'assoit
nous nous assoyons
vous vous assoyez
ils s'ass*oient*
P.C. : je me suis assis, e

boire (trinken)
je bois
tu bois
il boit
nous buvons
vous buvez
ils boivent
P.C. : j'ai bu

connaître (kennen)
je connais
tu connais
il connaît
nous connaissons
vous connaissez
ils connaissent
P.C. : j' ai connu

construire (bauen)
je construis
tu construis
il construit
nous construisons
vous construisez
ils construisent
P.C.: j'ai construit

courir (rennen)
je cours
tu cours
il court
nous courons
vous courez
ils courent
P.C. : j'ai couru

croire (glauben)
je crois
tu crois
il croit
nous croyons
vous croyez
ils croient
P.C. : j'ai cru

devoir (müssen)
je dois
tu dois
il doit
nous devons
vous devez
ils doivent
P.C. : j'ai dû

dire[1] (sagen)
je dis
tu dis
il dit
nous disons
vous dites
ils disent
P.C. : j'ai dit

---

1 → *interdire (untersagen, verbieten)*

dormir[2] (schlafen)
je dors
tu dors
il dort
nous dormons
vous dormez
ils dorment
P.C. : j'ai dormi

écrire[3] (schreiben)
j'écris
tu écris
il écrit
nous écrivons
vous écrivez
ils écrivent
P.C. : j'ai écrit

finir (beenden)
je finis
tu finis
il finit
nous finissons
vous finissez
ils finissent
P.C.: j'ai fini

lire (lesen)
je lis
tu lis
il lit
nous lisons
vous lisez
ils lisent
P.C. : j'ai lu

mettre (setzen, stellen, legen)
je mets
tu mets
il met
nous mettons
vous mettez
ils mettent
P.C. : j'ai mis

rire[4] (lachen)
je ris
tu ris
il rit
nous rions
vous riez
ils rient
P.C. : j'ai ri

savoir (wissen)
je sais
tu sais
il sait
nous savons
vous savez
ils savent
P.C. : j'ai su

venir[5] (kommen)
je viens
tu viens
il vient
nous venons
vous venez
ils viennent
P.C. : je suis venu, e

voir (sehen)
je vois
tu vois
il voit
nous voyons
vous voyez
ils voient
P.C. : j'ai vu

---

2 → *auch : sortir, partir*
3 → *décrire*
4 → *sourire (lächeln)*
5 → *revenir (zurückkommen)*

Qui est Bernard Friot ? – Sa Biographie

© Editions Milan

je n'écris pas d'où je suis
je suis là où tu me lis

ich schreibe nicht woher ich komme
ich bin dort wo du mich liest

L'écrivain Bernard Friot est né en 1951, près de Chartres. Cet auteur a écrit plus de cinquante livres pour la jeunesse.

La famille de Bernard Friot était pauvre. Ils étaient cinq garçons. Bernard était l'aîné et devait souvent s'occuper de ses frères.

Il a toujours aimé l'école et en particulier la lecture. Par contre, il détestait les arts plastiques, l'anglais et le sport. Il aimait lire des textes classiques de Molière, mais aussi *Les six compagnons* (une série de romans pour la jeunesse) et des bandes dessinées comme *Astérix* et *Tintin*.

Bernard Friot a fait des études de lettres et a été professeur de français, de latin et de grec dans un collège à Lille. Il a beaucoup travaillé avec les élèves en difficulté. C'est pour eux, spécialement, qu'il écrit des romans courts.

Puis, dans sa fonction d'Attaché culturel à l'Institut français, il a fondé en 1995 le Bureau du Livre de Jeunesse à Francfort dont il a été responsable et directeur pendant quatre ans. Quand il n'écrit pas de livres pour enfants, jeunes et adultes, il traduit des livres allemands et italiens. Il aime aussi rencontrer les élèves dans les écoles.

Bernard Friot aime jouer avec les mots, avec les illustrations et la typographie. Il aime aussi apprendre à écrire des textes aux enfants. Pour cela, il a créé « La fabrique à histoires » chez les éditions Milan.

Il habite actuellement à Besançon, France où il continue d'écrire. Dans ses œuvres, on trouve deux romans directement inspirés de sa vie : *Un dernier été* (l'été de ses 14 ans avant d›aller en internat) et *Un autre que moi* (son année en internat).

Qu'est-ce qu'il a écrit ? – Une petite bibliographie (choix)

Un tableau trop bavard, Milan, collection Cadet, 2008

Rien dire, Actes Sud junior, collection « D'une seule voix », 2007

Peut-être oui (poèmes), La Martinière, 2006

Pour vivre. Presque poèmes, La Martinière, 2005

Un dernier été, La Martinière, coll. Confessions, 2005

Un autre que moi, La Martinière, 2003

Pressé, pressée, Milan, collection Junior, 2002

Folle, Thierry Magnier, 2002

Nouvelles histoires pressées, Milan, collection Junior, 1991

Quellen: https://fr.wikimini.org/wiki/Bernard_Friot_(%C3%A9crivain) ; https://www.editionsmilan.com/la-fabrique-a-histoires-de-bernard-friot/mais-qui-est-bernard-friot; Zitat aus dem Gedicht "Berlin View" ; http://literaturfestival.com/autoren/autoren-2005/bernard-friot

La liste des abréviations

≠	antonyme de
→	mot de la même famille
etw	etwas
f	féminin
fam	familier
fpl	féminin pluriel
inf	infinitif
iron	ironique
jdm	jemandem
jdn	jemanden
jds	jemandes
m	masculin
mpl	masculin pluriel
qc	quelque chose
qn	quelqu'un